역사로 통하는 맛의 항해

• 맛은 어디에서 왔을까? •

Les Voyages du goût
by Dimitri Delmas and illustrated by Guillaume Reynard
©Actes Sud, France, 2014
All Rights Reserved
Korean translation ©2024 by BookInFish Publishing Co.
Korean translation rights arranged with EDITIONS ACTES SUD, S.A.
through Orange Agency

이 책의 한국어판 저작권은 오렌지에이전시를 통해 Actes Sud와 독점 계약한 책속물고기에 있습니다.
저작권법에 의해 한국 내에서 보호를 받는 저작물이므로 무단 전재와 무단 복제를 금합니다.

역사로 통하는 맛의 항해

맛은 어디에서 왔을까?

디미트리 델마 글 | 기욤 레이나르 그림 | 김수진 옮김
주영하(한국학중앙연구원 교수) 감수·추천

책속물고기

차례

추천의 글 _ 6
맛의 항해로 들어가는 글 _ 8
맛의 항해로 들어가는 지도 _ 10

첫 번째 항해 _ 14
두 번째 항해 _ 22
세 번째 항해 _ 30
네 번째 항해 _ 38
다섯 번째 항해 _ 46

1
2
3
4
5

후추
◆
바스쿠 다가마의 후추 항로

고추
◆
기대하지 않았던 발견

파인애플
◆
잼보다 달콤한 과일

카카오
◆
고대 아즈텍의 맛

바닐라
◆
맛의 신세계

여섯 번째 항해 _ 54	일곱 번째 항해 _ 62	여덟 번째 항해 _ 70	아홉 번째 항해 _ 80	열 번째 항해 _ 88	열한 번째 항해 _ 98
6	**7**	**8**	**9**	**10**	**11**
감자	육두구	커피	빵나무	차	바나나
◆	◆	◆	◆	◆	◆
유럽을 구하다	천국의 향신료	향기를 마시다	노예들의 식량	차의 제국	신의 선물

부록 | 우리의 식탁을 책임지는 채소의 원산지 _ 104

| 추천의 글 |

열한 가지 맛으로 보는 역사

어른들이 좋아하는 매운맛은 주로 고추에서 나옵니다. 본래 고추는 1492년 크리스토퍼 콜럼버스가 금과 후추를 구하러 인도를 향해 가다가 도착한 아메리카 대륙에만 있었습니다. 이 고추가 스페인과 포르투갈 상인들에 의해서 100년 동안 지구 한 바퀴를 돌아서 한반도에 도착했습니다.

처음 고추를 본 조상들은 먹을 수 있는 채소라고 생각지 않았습니다. 푸른 열매가 빨간색으로 변하는 모습이 신기하고 보기에도 좋았을 뿐이었지요. 그런데 다시 100년쯤이 지나니 고추를 넣은 음식들이 하나둘 생겨났습니다. 처음에 고추를 먹은 사람들은 몸에 땀이 나서 좋다고 생각했습니다. 생선 요리에 고춧가루를 넣으니 비린내도 사라졌습니다. 이윽고 고춧가루를 섞으면 음식이 빨리 부패하지 않는다는 사실도 알게 되었지요.

그래요. 오늘날 우리가 먹는 음식을 만들어 내는 식물들은 본래 잘 재배되었던 고향이 있습니다. 이 식물들의 씨앗은 새나 짐승의 몸에 붙어서 근처로 옮겨집니다. 그러나 먼 거리를 이동하려면 상인들의 힘이 필요했습니다. 만약 특정한 지역에서 자라는 식물을 다른 지역에 사는 사람들이 좋아한다면 상인들은 식물을 옮겨다 주고 큰돈을 벌 수 있었습니다.

그런데 열매를 수확하여 옮기는 데 힘이 많이 들었습니다. 그래서 아예 식물 자체를 옮겨 자신들의 땅에 심으려는 노력도 했습니다. 이 책에 나오는 고추나 감자는 그렇게 해서 다른 곳에서 재배할 수 있게 되었습니다. 하지만 후추·파인애플·카카오·바닐라·육두구·커피·빵나무·차·바나나 등의 식물은 다른 곳에서 잘 자라지 않습니다. 결국 유럽 국가들은 이들 식물들의 고향을 식민지로 만들어 버렸지요.

사실 이 책에 나오는 식물의 역사에는 맛있는 음식을 전해 준 즐거운 이야기도 있지만 슬픈 이야기도 있습니다. 음식이야 먹으면 그만이지 역사를 알 필요가 없을지도 모릅니다. 하지만 상상하기조차 어려울 정도로 많은 사람들이 맛있는 음식을 만들어 내는 식물을 두고 서로 싸우고 뺏고 빼앗기는 시간을 겪었습니다. 그 속에 담긴 온갖 이야기를 알면 식탁 위에 올라와 있는 음식이 좀 더 다르게 보일지 모릅니다. 그러면 역사 속의 수많은 사람들은 물론이고 나 자신에 대해서도 많은 생각을 하게 될 겁니다. 왜냐하면 음식은 곧 세상 모든 사람들의 삶이기 때문입니다.

주영하 (한국학중앙연구원 한국학대학원 교수)

• 맛의 항해로 들어가는 글 •

새로운 맛을 찾는 모험

　우리의 식탁에는 무척 다양한 과일과 향신료가 올라와요. 이런 과일과 향신료에는 우리가 몰랐던 많은 이야기가 숨어 있어요. 흥미진진한 탐험부터 다양한 역사 속 인물의 모습까지 말이에요.
　후추의 매운맛, 커피의 쌉싸름한 맛, 파인애플의 달콤한 맛. 이런 맛은 이제 우리에게 익숙하지만, 그렇게 되기까지는 아주 오랜 시간이 걸리는 긴 항해를 해야 했어요.
　포르투갈 사람들은 후추를 찾기 위해 아프리카 대륙을 빙 둘러 인도에 도착했습니다. 그들이 처음 갔던 길은 향신료 무역의 항로를 열어 주었습니다.
　스페인 왕국의 지지를 받아 서쪽으로 인도를 찾아 나선 크리스토퍼 콜럼버스는 아메리카 대륙을 발견했고, 낯선 과일과 향신료를 유럽에 소개했습니다.
　이 책을 읽는 것은 과일의 껍질을 벗기는 일 같을 거예요. 책장을 넘기다 보면 맛에 대해 알게 될 뿐만 아니라 다른 세상도 발견할 수 있을 테니까요.

이 책에 소개되어 있는 열한 가지 생생한 탐험 이야기는 1492년부터 1870년 사이에 일어난 일이랍니다. 이야기의 주인공들은 위험을 무릅쓰고 바다를 항해했던 탐험가, 여행가, 식물학자, 선원, 상인, 군인, 선교사, 스파이지요.

이 시기에 세계는 바닷길로 연결되기 시작했어요. 다양한 사람들을 만난 탐험가들은 문화 교류를 통해 다양한 관점을 가지게 되었습니다.

우리의 탐험가들이 새로운 맛을 찾은 이야기를 시간의 흐름에 따라 쫓아가 봐요. 처음 본 세계에서 얼마나 놀랐을지 짐작할 수 있을 거예요. 맛을 찾는 최초의 탐험은 파괴와 창조가 뒤섞여 있어요. 탐험은 새롭고 즐겁지만, 순조롭지만은 않으니까요.

이제 신비로운 맛을 찾아 떠난 탐험가들을 만나 세계의 역사를 함께 맛보러 가요.

1 후추
후추는 살균 효과가 있고 향이 강해서 아주 옛날부터 많은 사람들이 구하고 싶어 하던 열대 식물입니다. 그래서 역사의 모든 무역과 분쟁에 빠지지 않고 등장하지요.

2 고추
고추는 아메리카 대륙이 원산지인 향신료예요. 고추 안에 들어 있는 캡사이신이 바로 매운맛을 내는 성분이에요. 훗날 고추는 우리나라와 중국을 포함해 모든 아시아 요리에 쓰이게 되었답니다.

3 파인애플
아메리카 대륙이 원산지인 파인애플은 크리스토퍼 콜럼버스가 발견하기 이전에도 아메리카 원주민에게 큰 사랑을 받았던 과일이에요. 과당과 비타민이 풍부한 파인애플은 바나나와 함께 오늘날 세계 각지에서 즐기는 열대 과일이 되었어요.

4 카카오
카카오는 초콜릿의 주원료예요. 마야와 아즈텍 사람들이 카카오 재배를 발달시켰고, 화폐로도 사용했어요.

5 바닐라
바닐라는 멕시코에서 많이 자라며, 16세기에 스페인 사람들이 맛보게 되었지요. 아메리카 대륙에 처음으로 발을 디딘 유럽인들은 바로 이 바닐라의 달콤한 향에 취했다고 해요.

6 감자
감자는 아메리카 원주민들이 독성이 약한 야생 식물을 교접해서 만들어 낸 작물이에요. 감자는 영양가가 높아서 여러 세기 동안 유럽 사람들이 굶주림을 겪지 않게 도와주었답니다.

7 육두구
인도네시아 말루쿠 제도가 원산지인 육두구는 강한 향을 지닌 귀한 향신료 중 하나예요. 매우 단단한 육두구 씨앗은 갈아서 사용해요. 육두구를 차지하기 위해 유럽 사람들은 힘겨루기를 많이 했다고 해요.

8 커피
커피나무 열매로 만든 음료인 커피는 17세기에 유럽으로 전파되었어요. 자극적인 맛이지만 한 번 맛을 본 사람들은 커피에 빠져들었답니다. 지금도 세계인이 사랑하는 맛이지요.

9 빵나무
빵나무 열매의 원산지는 남태평양 폴리네시아예요. 열매에 영양이 매우 풍부해서 빵나무 재배를 확대하기 위해 나무를 구할 원정대를 파견하기도 했지요. 폴리네시아 사람들은 여전히 빵나무 열매를 즐겨 먹어요.

10 차
차는 수천 년 전부터 중국 사람들이 즐겨 마신 음료예요. 포르투갈 상인들에 의해 유럽에 소개되었고, 오늘날 세계인들이 즐겨 마시는 음료가 되었지요.

11 바나나
바나나의 원산지는 동남아시아예요. 바나나 무역은 냉장 해운이 발달하면서 활발해졌지요. 바나나는 당분과 단백질이 풍부해서 힘이 나도록 해 주는 과일이랍니다.

• 첫 번째 항해 •

후추

후추나무는 계절풍 기후 지대에 있는 인도, 말레이시아, 인도네시아 우림이 원산지예요. 건기 후에 찾아오는 강한 우기 덕분에 후추 씨앗이 자라 꽃을 피우게 된답니다. 포르투갈을 떠난 바스쿠 다가마의 배가 인도에 도착했을 때가 바로 후추 꽃이 피는 시기였어요.

← 잎

← 열매

🚢 새로운 바닷길을 발견하게 만든 후추

 인도가 원산지인 후추는 고대부터 귀한 향신료 중 하나로 손꼽혔어요. 후추는 입맛을 돋우고 음식에 풍미를 더하는 향신료로 쓰였어요. 뿐만 아니라 강력한 살균 효과도 있어서 고기를 보존하고 운반하는 데 꼭 필요했지요. 후추는 귀족들만 쓸 수 있는 사치품이었다가 나중에는 유럽 전역에서 고루 쓰이게 되었어요.

　15세기, 이베리아반도 강대국인 스페인과 포르투갈은 아시아에서 생산되는 향신료들 중 가장 특별한 후추를 아라비아 상인들의 중개를 거치지 않고 직접 구하기 위해 길을 나섰어요. 그 당시 후추는 큰 이익을 주는 향신료였어요. 그래서 아라비아 상인들과 큰 세력을 가진 베네치아가 후추 무역을 독점하고 있었어요.

　후추는 인도에서 유럽으로 건너오는 과정에서 점점 비싸졌어요. 거쳐 가는 길에 있는 지방의 영주들에게 많은 세금을 내야 했거든요. 이런 상황에서 포르투갈의 바스쿠 다가마가 인도로 가는 바닷길을 최초로 개척했어요.

　바스쿠 다가마는 '기독교인과 향신료'를 찾기 위해 배를 타고 떠났어요. 그리고 11개월 만에 아프리카 대륙 남단에 있는 희망봉을 돌아 1498년 5월, 인도 남서부의 말라바르 해안에 있는 캘리컷(지금의 코지코드-서남쪽에 있는 인도의 항구 도시)에 도착했답니다.

🚢 15세기 무역의 중심지, 인도양

　인도에 도착한 바스쿠 다가마는 캘리컷이 후추와 생강 무역의 중심지라는 사실을 알게 되었어요. 바스쿠 다가마는 말라바르 연안 지역을 통치하던 힌두 지도자에게 대접을 받았어요. 이 지도자는 사모린

이라고 불렸는데, 사모린은 미지의 항로를 통해 인도에 도착한 바스쿠 다가마를 경계하지 않았어요. 바스쿠 다가마의 이야기를 들어주었어요.

캘리컷 주민들은 외국인을 익숙하게 대했어요. 캘리컷은 아시아와 서양을 잇는 위치에 있어서 오래전부터 거대한 무역의 중심지였기 때문이지요. 수세기 전부터 이 지역은 아라비아, 말레이시아, 구자라트(인도 서부 지방), 중국, 이란에서 온 상인들과 교역을 하고 있었어요. 고대부터 지중해로 향신료를 수출하고 있었지요. 인도양을 통해서 인도의 면화와 목재, 중국과 이란의 실크, 말라바르 연안의 후추와 향료, 말루쿠 제도의 육두구 씨앗과 정향, 술, 화약 등이 거래되었어요. 그러니까 인도양은 유럽의 세계화가 일어나기 이전에 동양과 서양이 만나는 최초의 교차로 역할을 했던 셈이에요.

혼혈 장려 정책

바스쿠 다가마가 인도에 도착하고 몇 년이 지나지 않아 포르투갈은 인도의 일부를 식민지로 삼고 이곳에서 포르투갈 남성과 가톨릭으로 개종시킨 인도 여성을 결혼시키는 정책을 폈어요. 그렇게 인도에 포르투갈 인구를 늘리면서 지배력을 넓혀 갔지요. 이런 역사의 흔적은 언어에도 남아 있어요.

인도의 **캘리컷**은 유럽의 세계화가 일어나기 이전에 **동양과 서양**을 잇는 최초의 **교차로** 역할을 한 거대한 **무역의 중심지**였어요.

'메티스'는 1615년에 유럽인과 인도인을 부모로 둔 혼혈 자손을 가리키는 포르투갈어 메티스(metice)에서 유래한 말이에요. 지금도 메티스는 프랑스어로 혼혈을 뜻하는 말이랍니다.

우리나라에서 만나보는 후추

알고 보면 수입품?

 후추는 고려시대 중엽부터 우리나라에 알려진 향신료였어요. 송나라와 교역을 하면서 들어왔다고 알려져 있지요. 최근에 전라남도 신안 앞바다에서 인양한 원나라 때 선박에서 후추가 발견되기도 했어요. 또, 1389년에 유구(지금의 오키나와에 있었던 왕국)의 사신이 후추 삼백 근을 가져왔다는 기록이 『고려사』에 나와요. 이 기록으로 보아 고려시대 말에는 중국에서뿐만 아니라 남방을 통해서 직접 후추가 들어왔을 가능성이 높아요.
 후추를 처음 본 신조들은 약재라고 생각했대요. 그래서 조선시대 초가 되어서야 비로소 음식에 후추를 넣기 시작했어요.

· 두 번째 항해 ·

고추

고추는 비타민이 풍부하고
활력을 주는 열매예요.
크게 다섯 가지 종으로 나눌 수 있지요.
매운맛이 강한 고추는 물을
마시는 것으로는 잠재울 수 없어요.
식빵의 속 부분을 떼어 내 먹거나,
밥 한 숟갈을 먹는 게 더 효과적이에요.

← 꽃

↑
열매

후추 대신 고추

1492년, 크리스토퍼 콜럼버스는 금과 후추를 구하기 위해 인도로 가는 가장 빠른 바닷길을 찾아 서쪽으로 항해를 시작했어요. 그리고 자신도 모르게 아메리카 대륙을 마주하게 되었지요.

첫 번째 항해에서 콜럼버스 일행은 새로운 땅 히스파니올라섬(서인

도 제도에 있는 큰 섬, 지금은 두 개의 독립 국가인 아이티와 도미니카 공화국으로 나뉘어 있음)에서 원주민들이 악시(axi)라고 부르는 향신료를 처음 보게 돼요.

유럽 사람들은 고추가 후추와 비슷한 식물이라고 생각했어요. 1493년, 사학자인 피에르 마르티르 앙기에라에게 쓴 편지에 콜럼버스는 고추를 "코커스 후추보다 더 매운 후추"라고 썼대요.

몇 년 후, 멕시코에 도착한 다른 스페인 사람들은 아메리카 원주민들이 옥수수, 콩, 호박으로 만든 전통 요리에 고추를 넣어 먹고, 카카오의 맛을 돋우기 위해 고추를 으깬 액을 타서 먹는다는 사실을 알게 되었지요.

원주민들은 오랫동안 고추 농사를 지었어요. 그래서 여러 가지 크기와 색깔, 매운맛의 풍미를 지닌 다양한 고추를 가지고 있었지요.

세계에서 가장 많이 소비되는 향신료, 고추

고추는 스페인 사람들뿐 아니라 포르투갈 사람들에 의해서도 브라질, 아프리카, 인도 등 전 세계로 빠르게 전파되었어요.

인도로 전파된 고추는 마치 인도가 원산지인 것처럼 현지 기후에 잘 적응했어요. 평소에 인도 사람들은 음식에 후추 맛이 무척 강한 소스를 만들어 먹었어요. 그래서인지 고추의 매운맛에 금방 익숙해졌

고추의 **매운맛**은
미각이 아니라 **통각**이에요.
미국의 약사 **윌버 스코빌**은
고추의 매운맛은 부드러운 맛에서
폭발할 정도로 매운 맛까지
총 **10단계**로 구분했어요.

지요.

현재 동남아시아 요리에 없어서는 안 되는 고추는, 수프와 튀김 요리에 쓰이거나 샐러드나 국수에 고명으로 장식되지요.

태국 어린이들은 자라면서 조금씩 고추 맛에 길들여진다고 해요. 초등학교 급식에는 매운 음식이 나오지 않다가 점차 시간이 지나면서 고추를 맛보게 되고, 매운맛에 익숙해진대요.

과학자에 따르면 매운맛은 미각이 아니라 아픈 감각인 통각이래요. 그래서 처음에 매운맛을 먹으면 혀에서 아픔을 느끼지만, 점점 견딜 만해지고, 나중에는 매운맛을 즐기게 된다고 해요.

고추는 익은 정도에 따라 색상이 달라져요. 다 익기 전에 따면 초록색이고, 시간이 지나면서 노란색에서 주황색이나 빨간색으로 변하지요. 고추가 빨갛게 익으면 오래 보관하기 위해 햇볕에 말린답니다.

고추의 매운맛

미국의 약사 윌버 스코빌(1865~1942)은 1912년에 고추의 매운맛을 나타내는 기준을 만들었어요. 이 기준에 따라 매운 정도를 부드러운 맛에서 폭발할 정도로 매운맛까지 구분하지요.

세상에서 가장 매운 고추는 부트 졸로키아(bhut jolokia)예요. 이 고추는 인도 북동부, 특히 아삼 지방에서 재배되고 있는데, 이 지역 향

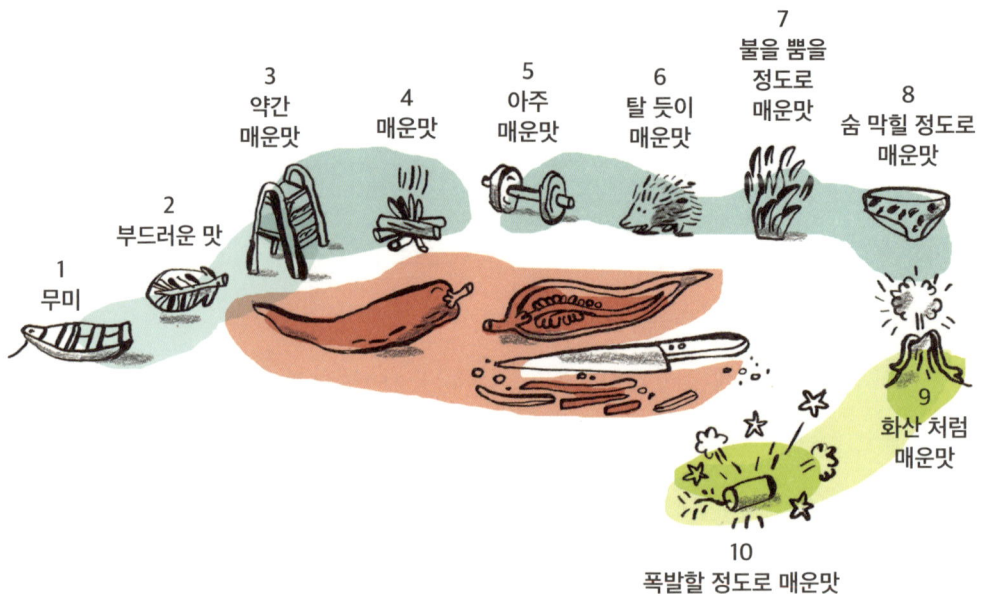

 토 음식으로도 꼽히지요. 그런데 매운맛이 워낙 강해서 아삼 지방 사람들은 유령 고추라고 부른대요.
 고추의 매운맛은 캡사이신 때문이에요. 이 작은 열매가 얼마나 매운지 인도의 국방부 장관은 고추를 이용해서 최루 가스를 만들 생각까지 했다고 하네요.

우리나라에서 만나보는 고추

안 들어가면 서운한 맛

　우리나라에서 재배하는 고추의 종류는 100여 종이 넘어요. 매운맛을 좋아하는 사람들이 늘면서 고추의 품종이 다양해졌지요. 청양고추, 영양 고추 등 자라는 지방의 이름을 따서 부르기도 하고, 고추마다 매운 정도도 다 달라요.
　임진왜란 전후 부산을 통해 먹기 힘들 정도로 매운 고추가 들어왔다고 해요. 영조 때가 돼서야 고추의 매운맛이 약해져서 음식에 넣기 시작했고, 이때부터 고추장, 빨간 김치, 매운탕 같은 음식이 생겨났어요. 300~400년밖에 안 되는 길지 않은 시간이지만 고추는 우리나라 식생활에 커다란 영향을 미쳤지요. 그렇게 고추는 우리나라를 대표하는 매운맛으로 식탁을 차지하고 있답니다.

세 번째 항해

파인애플

파인애플은 여러해살이풀이에요.
열매는 줄기 가운데 열려요.
파인애플은 비타민이 풍부해서
건강에 좋아요.

파인애플 머리 ↓
↙ 열매
← 꽃대

🚢 두 번째 탐험의 결과

1493년, 크리스토퍼 콜럼버스는 17척의 선박에 1,500명을 태우고 서인도 제도 연안에 다시 도착합니다. 그때 과달루페섬에서 비늘 같은 껍질로 덮여 있는 우스꽝스러운 모양의 과일을 보았어요. 바로 향이 강한 파인애플이었어요.

중앙아메리카와 카리브해 연안에 사는 원주민들은 수천 년 전부터 이 과일을 즐겨 먹었어요. 특히 투피-과라니 원주민들이 무척 좋아했어요. 훗날 이 원주민들이 파인애플을 중앙아메리카와 남아메리카 전체로 전파시켰어요. 그리고 다른 원주민들은 파인애플을 과달루페 섬과 다른 여러 카리브 섬에 보급했어요.

파인애플을 처음 본 콜럼버스는 사람들에게 이렇게 말했대요.

"겉모양은 솔방울처럼 생겼는데 크기는 그 두 배나 되고 맛이 뛰어나다. 무처럼 칼로 잘라 보면 속이 아주 싱싱해 보인다."

1578년, 프랑스인 장 드 레리는 '북쪽의 프랑스'라고 부르며 프랑스의 식민지로 삼으려 했던 브라질로 여행을 떠납니다. 장 드 레리는 자신이 탐험한 브라질의 멋진 자연에 감탄했고, 『브라질 땅으로 떠나는 여행 이야기』라는 글을 남겼어요.

파인애플 소개

처음 브라질에 간 장 드 레리는 그때까지 프랑스에 알려지지 않았던 파인애플을 설명하려고 했지요. 하지만 한마디로 표현하기가 어려워서 이렇게 말했어요.

"원주민들이 아나나(ananas)라고 부르는 이 과일은 글라디올러스처럼 생긴 식물에서 열린다. 이 식물은 약간 구부러지고 주름진 잎으로 둘러싸여 알로에와 비슷하다. 마치 커다란 엉겅퀴처럼 잎이 위로 차곡차곡 쌓이면서 자란다. 뿐만 아니라 열매는 멜론만 하고, 모양은 솔방울을 닮았다. 이 과일은 입에 넣으면 살살 녹는다. 브라질에서 이보다 더 맛있는 잼은 없을 정도로 달콤하다……."

중앙아메리카와 **카리브해**의
원주민들이 수천 년 동안 즐겨온
이 맛있는 과일은
탐험과 **발견**의 **역사**를 통해
전 세계에 알려지게 되었어요.

병에 걸린 원주민

콜럼버스의 두 번째 항해는 아메리카 대륙에 식민지 시대를 열었어요. 빨리 부자가 되고 싶었던 식민지 지배자들은 서둘러 원주민들을 노예로 삼고 광산으로 보내 강제 노동을 시켰지요. 그런데 이 시기에 예상하지 못했던 일이 벌어졌어요.

초기에 건너온 스페인 사람들 중에서 질병에 걸린 사람들이 있었는데, 이들이 유럽에만 있던 병을 아메리카로 옮기고 만 거예요. 원주민들은 이런 낯선 질병과 맞서 싸우는 데 익숙하지 않았기 때문에 상상을 뛰어넘을 정도로 빠르게 병이 번졌어요. 감기, 독감, 천연두, 홍역 등 엄청난 피해를 입게 되었고, 특히 어린아이들이 많이 희생되었어요. 그 결과 중앙아메리카와 카리브해 원주민, 80~90퍼센트가 죽고 말았어요. 이 일은 중앙아메리카 전체 인구에 큰 변화를 가져왔지요.

우리나라에서 만나보는 파인애플

함부로 먹기 힘든 달콤한 맛

　파인애플은 열대 식물이라 높은 기온에서 잘 자라요. 우리나라에는 1920년대부터 파인애플 통조림이 들어왔어요. 1963년, 제주도에서 파인애플을 처음으로 시험 재배한 뒤 현재까지 비닐하우스에서 파인애플을 재배하고 있답니다.
　생 파인애플은 대형 마트나 과일 가게에서 볼 수 있지만 흔하지는 않아요. 게다가 손질하기가 어렵고 손을 다치기 쉬워요. 그런 귀찮음을 잊게 할 정도로 파인애플은 누구나 좋아할 만한 달콤한 과일이지요.
　요즘은 파인애플을 집에서 기르기도 해요. 혹시 파인애플을 기르고 싶다면, 꼭지 부분을 잘라 화분에 심어 보세요. 꾸준히 물을 주고 겨울에 얼지 않게 실내로 옮겨 보살핀다면 3년 후쯤에 맛있는 파인애플이 열릴 거예요.

네 번째 항해

카카오

카카오나무 열매 안에는
초콜릿의 원료가 되는 씨앗이
15~40개가 들어 있어요.
카카오 열매는 나무줄기에 직접
달리는 특징이 있어요.

← 카카오나무 열매

점액 · 카카오 콩

아즈텍 왕국의 신성한 식물

스페인 정복자들은 1492년부터 1525년 사이에 서인도 제도와 중앙아메리카에 진출했어요. 크리스토퍼 콜럼버스는 일찍이 카리브해에 있는 섬에서 카카오 열매로 만든 음료인 쇼콜라틀(xocolatl)을 맛봤어요. 기품이 많은 이 신기한 빨간색 음료는 시큼하고 톡 쏘는 맛을 가지고 있었어요. 콜럼버스의 입맛에 쇼콜라틀은 맛있지 않았어요. 그래서 스페인으로 가져갈 필요가 없다고 생각했지요.

결국 카카오 열매는 훗날 코르테스에 의해 유럽에 처음 소개됩니다. 몇 년 후, 멕시코를 탐험하던 코르테스는 아즈텍 왕국의 수도 테노치티틀란을 발견해요. 코르테스는 야만인들과 움막집만 있을 것이라 생각했어요. 그런데 코르테스는 매우 놀랐어요. 거대한 사원과 궁전, 수상 정원이 있고, 도시 전체가 수로로 연결되어 있는 거대 도시가 눈앞에 펼쳐졌기 때문이지요.

당시 무척 부유했던 테노치티틀란은 아즈텍의 9대 황제 몬테수마 2세가 다스리고 있었어요. 황제는 코르테스를 환영하고 새로운 열매를 대접했어요. 아즈텍 왕국 사람들이 신성한 식물로 여겼던 카카오였지요. 아즈텍 왕국에서 지위가 높은 사람들은 진한 카카오 음료인 쇼콜라틀을 많이 마셨어요. 코르테스는 카카오 음료를 스페인에 소개했고, 스페인 왕궁에서도 이 음료에 홀딱 반해 버렸지요.

힘들었던 신대륙 정복

아메리카 대륙에 첫발을 디뎠던 유럽 사람들은 낯선 환경에서 살기가 무척 어려웠어요. 멕시코에 처음 도착했던 스페인 사람들의 수는 1,000~1,500명도 되지 않았는데, 당시 원주민 인구는 2,000만

~2,500만 명에 달했으니, 그 차이가 엄청났지요. 아즈텍 주민의 수가 압도적으로 많은 이 광활한 영토를 다스리기 위해 초기 스페인 정복자들은 높은 지위의 원주민과 협력하고 여러 부족의 정치에도 개입했어요.

그늘을 좋아하는 카카오나무

카카오나무는 매우 특이해요. 대부분의 나무는 빛을 좋아하지만, 카카오나무는 그늘에서 자라는 것을 좋아하지요. 브라질 해안에 있

던 초기 카카오나무 숲이 햇빛 때문에 파괴되는 일이 있었어요. 이때 카브루카(cabruca)라고 하는 전통적인 방법(카카오나무 재배를 위해 우림을 줄이지만 벌채하지는 않는 시스템)에 따라 나무를 재배하고 지켰던 몇몇 작은 섬에서만 살아남았어요. 이 재배법 덕분에 카카오나무는 숲속의 커다란 나무들 아래에서 이상 기후로부터 안전하게 보호받으며 자랄 수 있었던 거예요.

지금도 섬의 숲에는 수많은 동식물 종이 살아요. 세계 멸종 위기 동물인 작은 원숭이, 황금머리사자타마린은 카카오나무의 구멍 안에 몸을 숨기고 잠자는 것을 좋아한답니다.

아즈텍 제국의 화폐, 카카오

마야와 아즈텍 사람들은 카카오를 화폐로도 사용했어요. 코르테스에 따르면, 카카오 1,000알이면 대략 금화 3개 정도의 가치가 있어서, 카카오로 세금을 내거나 노예를 살 수 있었다고 해요.

믿을 수 없게 부유한 도시 테노치티틀란

네 구역으로 나뉘어 있는 수상 도시 테노치티틀란(멕시코의 텍스코코 호수 안에 자리 잡은 작은 섬 위에 건설된 아즈텍 왕국의 수도)은 모든

멕시코의 아즈텍 사람들이 사용했던 언어인
나우아틀어(nahuatl)에서 유래한 단어 중에는
오늘날 세계적으로 사용하는 말이 있어요.
카카오(cacaouatl)나
토마토(tomatl)가 대표적이에요.

주택이 각각 정원으로 둘러싸여 있는 정원 도시였어요. 스페인 사람들은 이 도시를 보고 '거대하고 부유한 베네치아'를 떠올렸지요.

　육지에서 섬으로 가려면 세 개의 도로를 통과해야 했는데, 길목에는 들어 올렸다 내릴 수 있는 다리가 설치되어 있어서 사람들의 통행을 막을 수 있었어요. 이 도시를 발견한 코르테스는 놀라움을 금치 못했지요.

"섬으로 들어가는 길은 수많은 사람들로 붐볐고, 사람들이 호수 이편저편에서 카누를 타고 들어오기도 한다.…… 멕시코 대광장에 이르러 그곳에 북적이는 엄청난 인파와 상품을 보면 입을 다물 수가 없을 정도다. 금, 은, 보석, 깃털로 만든 물건들을 비롯해서 온갖 종류의 상품을 파는 상인들이 여기에 다 모여 있다. 뿐만 아니라 팔려고 내놓은 노예들도 무척 많다. 또 면직물을 파는 상인들도 많고, 카카오 장수도 흔히 볼 수 있다."

우리나라에서 만나보는 카카오

카카오? 초콜릿!

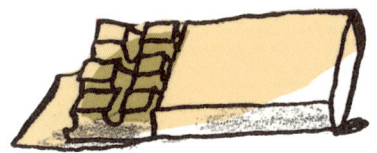

　우리나라는 주로 카카오를 가공해서 먹어요. 대표적인 식품이 바로 초콜릿이에요.
　1828년, 네덜란드 사람인 쿤라드 판하우턴이 카카오 액으로부터 카카오버터를 분리하는 기계를 개발했어요. 그래서 지금의 고형 초콜릿이 생기게 되었지요.
　초콜릿을 만드는 일은 복잡하고 어려워요. 카카오 콩을 뜨거운 바람에 볶아서 과실을 따로 분리한 후 으깨어 반죽을 만들어요. 여기에 설탕, 우유, 카카오버터를 섞어 높은 온도로 일주일간 반죽한 뒤 틀에 넣어 굳혀요. 이렇게 오랜 시간을 들여야 비로소 초콜릿이 완성된답니다.
　19세기 말부터 대량 생산하게 된 초콜릿을 우리나라에서는 1960년대에 처음 출시했고, 사람들의 입맛을 사로잡았답니다.

• 다섯 번째 항해 •

바닐라

바닐라 덩굴풀은 다른 나무를 감고 올라가는 여러해살이 덩굴풀이에요. 식용 열매가 달리는 유일한 난초과 식물로서 바닐라 꼬투리가 그 열매예요. 그 높이가 10미터 이상이나 되며 그늘지고 비가 많이 내리는 곳에서 가장 잘 자란답니다.

꽃 ↓

바닐라 꼬투리 ↓

눈 ↑

맛의 신세계

테노치티틀란
(멕시코), 1519년

당시 아즈텍 사람들은 카카오 음료에 향을 더하기 위해 난초과 식물인 바닐라를 넣어 마셨어요. 멕시코 숲이 원산지인 바닐라를 아즈텍 사람들은 수세기 전부터 재배해 왔답니다. 1519년 테노치티틀란에 도착한 코르테스는 유럽 사람 최초로 바닐라의 향과 맛에 빠졌어요.

아주 간단한 방법

바닐라는 멕시코 숲에만 사는 작은 꿀벌들에 의해 자연 수분(곤충이나 바람, 물 등에 의하여 수술의 꽃가루가 암술머리에 묻는 일-가루받이)을 했어요. 유럽인들은 바닐라를 원산지에서 멀리 떨어진 곳에서 재배하려 노력했지만 번번이 실패했지요. 그런데 레위니옹섬의 노예였던 에드몽 알비우스는 열두 살 때 간단한 바닐라 인공 수분법을 알아낸 거예요.

노예 소년의 기발한 생각

19세기, 유럽 사람들은 자바, 모리셔스 섬, 마다가스카르, 레위니옹섬에 바닐라 덩굴풀을 재배하려고 시도했지만 계속 실패했어요. 바닐라 꽃은 피었지만, 열매 꼬투리는 맺히지 않았지요.

유럽 사람들은 특별한 방법이 필요하다고 생각했어요. 그런데 그 생각을 산산이 깨는 일이 벌어졌어요. 레위니옹섬에 살던 노예 소년 에드몽 알비우스가 바닐라 꽃을 인공적으로 수분시키는 아주 간단한 방법을 알아낸 거예요.

에드몽 알비우스가 생각해 낸 수분법은 바닐라 꽃의 암술과 수술을 맞닿게 하는 것이었어요. 이 손쉬운 방법은 오늘날, 식물을 손으로 수

레위니옹섬의 노예
에드몽 알비우스
(1829~1880)

수술
꽃가루 주머니
암술이 감춰져 있는 막
암술

역사로 통하는 맛의 항해　49

레위니옹섬의 **노예**였던
에드몽 알비우스는 사람의 손으로
암술과 수술을 맞닿게 하는 **바닐라 꽃
인공 수분법**을 발견했어요.

분시킬 때 여전히 널리 쓰이고 있지요.

　에드몽 알비우스 덕분에 레위니옹섬은 부유해졌고, 한동안은 세계 최대의 바닐라 생산지가 되기도 했어요.

　시간이 흘러 1848년에 노예 제도가 폐지되면서 에드몽 알비우스는 노예 신분에서 해방되었어요. 에드몽 알비우스가 생각해 낸 인공 수분법은 바닐라 재배자들을 부유하게 만들어 주었지만, 에드몽 알비우스는 어떤 대가도 받지 못했다고 해요.

　이렇듯 유럽 사람들에 의해 노예가 되어 버린 사람들은 제대로 된 대접이나 대우를 받지 못했답니다.

바닐라 꽃 중매쟁이

　바닐라 꽃은 아침나절 동안만 피고 금세 지고 말아요. 지금도 바닐라 꽃의 수분은 사람의 손으로 하는 경우가 대부분이지요. 따라서 인공 수분을 시키려면 매일 아침 일찍 나와서 모든 바닐라 덩굴풀을 일일이 돌봐야 해요. 레위니옹섬과 코모로에서는 이런 인공 수분 작업을 하는 여성들을 '바닐라 꽃 중매쟁이'라는 애칭으로 부른다고 해요.

바닐라를 하나 만드는 데 걸리는 시간, 10개월

　바닐라 꼬투리는 초록빛을 띠고 향이 나지 않을 때 수확해요. 여기서 바닐라 향이 우러나오게 하려면 10개월이라는 준비 과정이 필요해요. 무척 섬세하고 까다롭지요. 먼저 꼬투리를 따뜻한 물에 담근 후 수차례의 가공 작업을 합니다. 그늘과 햇볕에 번갈아 가면서 말리고, 분리하고, 등급에 따라 나누고, 크기를 측정하고, 선별하는 작업을 하지요. 현재 대부분의 바닐라는 마다가스카르와 인도네시아, 이 두 나라에서 생산되고 있어요.

우리나라에서 만나보는 바닐라

본 적은 없어도
누구나 아는 맛

바닐라 향은 우리에게 친숙한 향이에요. 요즘은 어디를 가도 쉽게 바닐라 향을 맡을 수 있어요. 그런데 누구나 아는 바닐라 향을 만들기 위해서는 여러 가지 작업이 필요해요. 굉장히 어렵고 오래 걸리지요.

바닐라는 아이스크림, 빵, 과자, 사탕을 만들 때 많이 쓰여요. 한 번도 맛보지 않은 사람은 거의 없을 정도예요.

바닐라는 소화제로도 쓰여요. 하지만 너무 많이 먹으면 염증을 일으킬 수 있으니 주의해서 사용해야 하지요.

최상급 바닐라 추출물은 알코올에 담근 꼬투리에서 만들어져요. 이 **추출물**은 요리할 때도 쓰이고 화장품을 만들 때도 쓰여요. 향수나 향초, 방향제로도 사용되지요. 이렇게 익숙하지만 바닐라를 실제로 본 사람은 적답니다.

• 여섯 번째 항해 •

감자

꽃 →

잎 →

감자는 약한 독성을 지닌
야생 식물을 교배해서 만든
아메리카 원주민들의 작품이에요.

덩이줄기 →

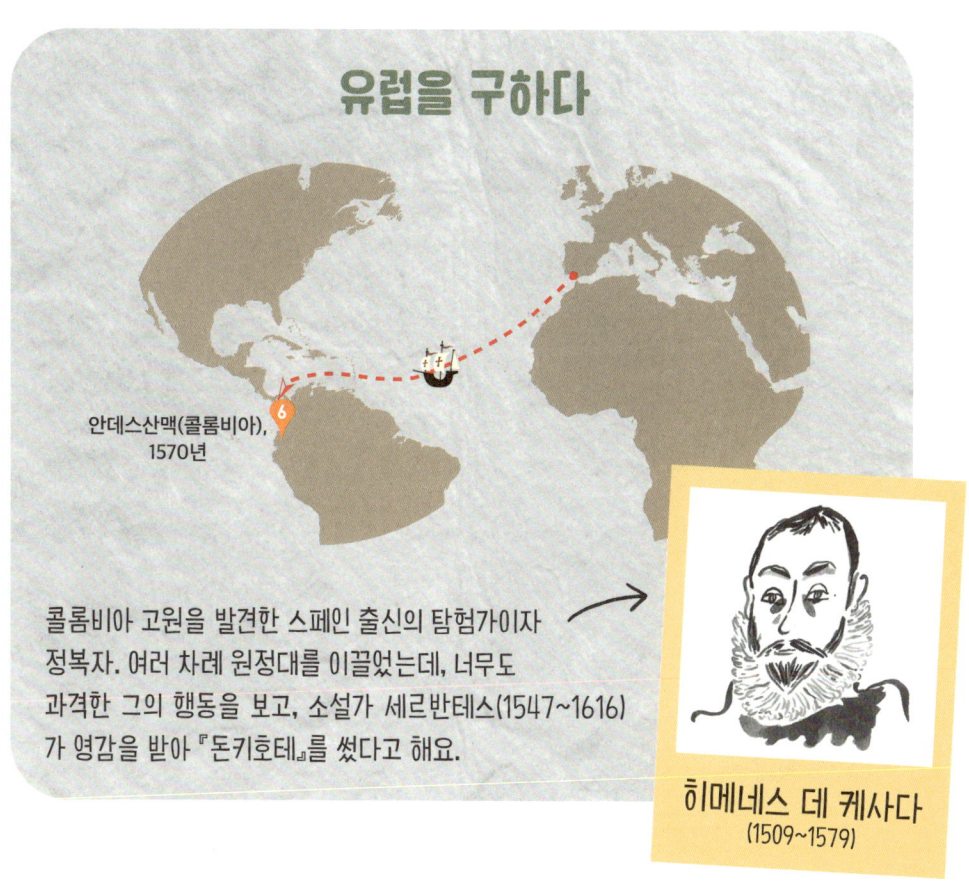

유럽을 구하다

안데스산맥(콜롬비아), 1570년

콜롬비아 고원을 발견한 스페인 출신의 탐험가이자 정복자. 여러 차례 원정대를 이끌었는데, 너무도 과격한 그의 행동을 보고, 소설가 세르반테스(1547~1616)가 영감을 받아 『돈키호테』를 썼다고 해요.

히메네스 데 케사다
(1509~1579)

금보다 감자

서인도 제도와 중앙아메리카에 진출한 스페인 정복자들은 1530년경 남아메리카로 원정을 떠났어요. 스페인의 식민지 정복자인 프란시스코 피사로는 잉카 제국의 부족들을 경쟁하도록 만들어서 유럽만큼이나 넓은 영토를 몇 달 만에 손에 넣었지요.

이 시기에, 아메리카 대륙을 정복하고 금을 찾겠다는 욕심으로 가득 찬 히메네스 데 케사다의 원정대가 콜롬비아 고원에 도착했어요.

히메네스 데 케사다는 치브차 원주민들이 이상하게 생긴 덩이줄기 작물을 즐겨 먹는 모습에 관심을 가지게 되었고, 1537년, 유럽인 최초로 감자를 유럽으로 가지고 갔지요.

그 당시 북유럽은 굶주림에 허덕이고 있었어요. 이때 감자는 매우 중요한 역할을 했어요.

추위로 흉년이 들어 생활하기 어려운 농부들은 히메네스 데 케사다가 들고 온 작물, 감자를 먹게 되었어요. 값도 비싸지 않고, 안데스 지방과 마찬가지로 작물을 키우는 건 어렵지 않았어요. 감자는 곧 유럽에서도 매일 먹을 수 있는 주식으로 자리 잡게 되었어요.

더 놀라운 건 감자 덕분에 유럽의 인구가 한 세기 만에 두 배로 늘었다는 거예요. 식량난으로 어려움을 겪던 북유럽 사람들을 감자가 살린 것이지요.

안데스산맥에서 자라나는 감자

콜롬비아 고원에 사는 원주민들은 안데스산맥의 가파른 경사면이나 티티카카 호수 주변에서 농사를 짓기 위해 농경지를 계단식으로 만들었어요. 그러면 빗물도 잘 관리할 수 있고 침식도 줄일 수 있어

감자는 **영양이 풍부**하고
저장이 가능한 덕분에 유럽에서
주식으로 자리 잡았고
한 세기 만에 **유럽의 인구**가
두 배로 늘어났지요.

든요.

　원주민들은 해발 4,000미터 이상 되는 고원에서 수백 가지나 되는 다양한 종류의 감자를 경작했어요. 감자의 커다란 장점은 오랫동안 저장이 가능하다는 거예요. 그래서 원주민들은 굶주릴 때를 대비해서 감자를 저장했어요.

파르망티에의 묘책

　감자는 유럽 지역에 빠르게 전파되었어요. 하지만 유독 프랑스 사람들은 감자를 싫어해서 오랫동안 돼지 사료로만 쓰였지요.

　프로이센과 프랑스 사이에 일어난 '7년 전쟁' 때 프로이센의 포로로 잡혀 감옥살이를 한 앙투안 파르망티에는 감자의 장점을 익히 잘 알고 있어요. 감옥살이를 하는 동안 거의 감자만 먹고 지냈는데도 건강을 유지할 수 있었거든요. 파르망티에는 감자에 대한 편견과 오해를 풀기 위해 수년 간 노력했어요.

　파르망티에는 감옥에서 풀려나자 프랑스의 국왕 루이 16세에게 감자꽃 한 다발을 선물했어요. 루이 16세는 감자꽃이 무척 마음에 들어서 웃옷의 단춧구멍에 꽂기도 했답니다. 이런 일로 인해 감자꽃은 인기가 많아졌지요.

　또한 파르망티에는 감자를 보급하기 위해 교묘한 꾀를 짰어요. 피리 시 외곽 지역에 축구장의 약 30배 정도 되는 밭을 일구고 감자를 심었어요. 그리고 병사들에게 밭을 지키게 했지요. 대신 밭을 느슨하게 감시하라고 했어요. 누구든 감자를 훔쳐가고 싶은 마음이 들게 말이에요. 굶주린 사람들은 몰래 감자를 훔쳐 먹었고, 감자의 진가를 알게 되었어요. 그렇게 유럽의 다른 나라들에 이어 프랑스에서도 감자는 큰 인기를 얻게 되었답니다.

우리나라에서 만나보는 감자

배고픔을 잊게 해 준 맛

　옛날 사람들은 감자를 처음에는 '마령서(馬鈴薯)'라고 불렀어요. 말의 목에 달린 방울 같다는 뜻이지요. 사실 지금의 감자라는 이름은 고구마의 한자 이름이에요. 고구마는 오랜 기간 저장이 어려워서 당시 사람들에게 인기를 끌지 못했지요. 그런데 오래 저장할 수 있는 마령서가 널리 퍼지게 되자 사람들은 마령서를 감자라고 부르게 된 거예요.

　우리나라에 감자가 들어오게 된 경로는 정확하지 않아요. 중국과 맞닿은 북쪽 지방에서는 중국을 통해 들어왔다고 전해지고, 전라북도에는 영국의 상선이 씨감자를 나눠 주고 재배법도 알려 주었다는 이야기가 있지요.

　감자는 수십 년 사이에 전국으로 퍼졌어요. 양주·원주·철원 등지에서는 감자 덕에 굶주림을 면할 수 있었다고 전해져요. 지금도 강원도 지방은 감자가 유명하지요. 감자는 일제강점기와 육이오 전쟁 때 가난한 사람들의 배를 채워 준 고마운 식물이랍니다.

・일곱 번째 항해・

육두구

육두구 나무는 규모가 작은 반다 제도에서 잘 자라는 나무예요. 반다 제도는 육두구 나무 숲으로 빽빽하게 덮여 있어요.

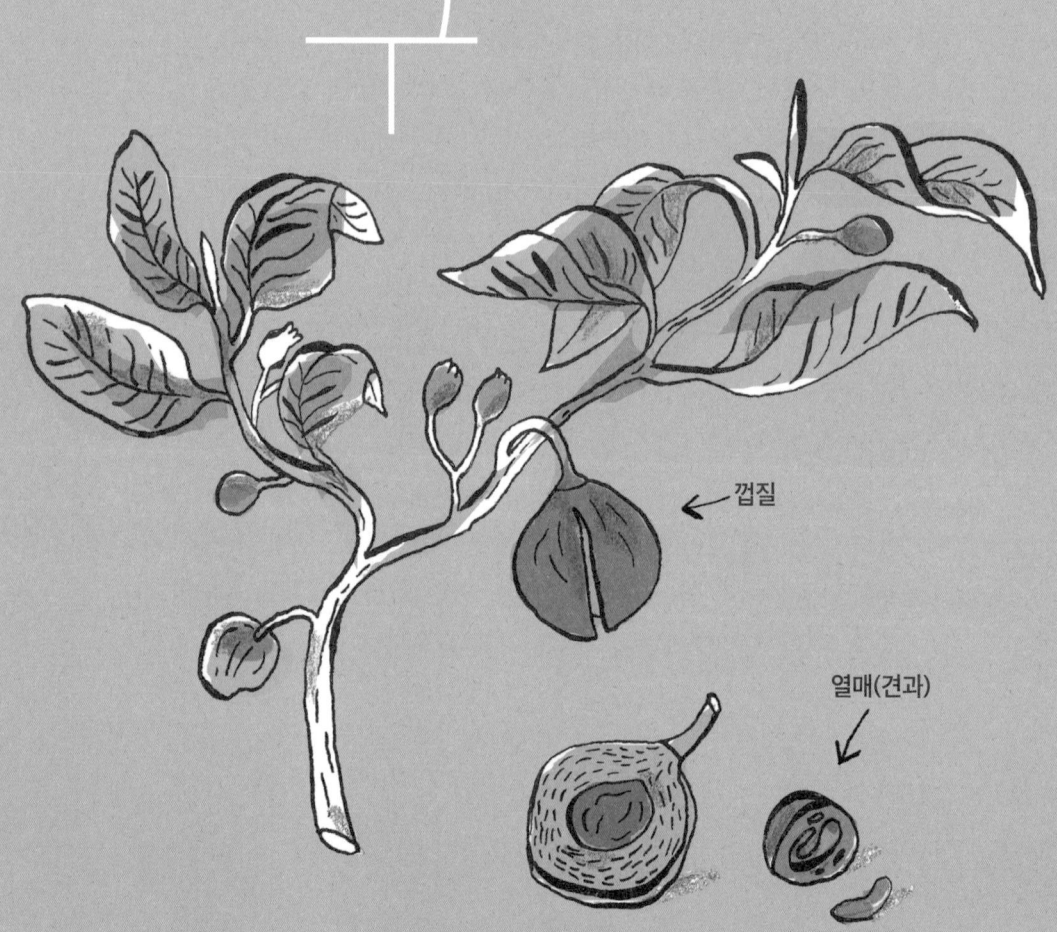

← 껍질

열매(견과) ↓

네덜란드의 식민지

포르투갈이 아시아로 세력을 넓힌 지 한 세기가 지나자, 뒤를 이어 네덜란드 사람들이 향신료를 찾아 길을 나섭니다.

이들은 바스쿠 다가마가 개척한 희망봉을 경유하는 항로를 통해 세상 반대편에 있는 섬, 말루쿠 제도(지금의 인도네시아)에 도착했어요.

뛰어난 품질의 향신료를 생산지에서 저렴한 가격으로 얻으려는 것이 이들의 목적이었지요.

네덜란드 사람들은 여러 향신료 중 특히 육두구에 관심이 많았어요. 육두구는 모양도 신기하고 강한 향과 맛이 났어요.

유럽 사람들도 육두구를 신비롭게 생각했지요. 그런데 원산지가 아주 멀어서 제대로 맛보기가 어려웠어요. 그런 이유로 육두구는 유럽에서 오랫동안 신비에 싸인 향신료였답니다.

네덜란드는 먼저 포르투갈과 영국 상선에 스파이를 침투시켜서 이들이 개척한 항로를 몰래 알아냈어요.

네덜란드 사람들은 몰래 알아낸 항로로 말루쿠 제도에 도착했어요. 원주민들에게 자신들을 평화를 사랑하는 상인이라 소개하고, 원주민들의 신뢰를 얻는 데 성공하지요. 그 신뢰를 가지고 네덜란드는 포르투갈과 영국 상선을 몰아냈어요.

하지만 네덜란드에 대한 신뢰는 그리 오래가지 못했어요. 네덜란드는 향신료 무역을 독차지하기 위해 어떤 일이든 서슴지 않았거든요. 네덜란드는 17세기 내내 말루쿠 제도에서 육두구 무역을 완전히 독점했어요.

그 당시 육두구를 얻기 위해 네덜란드는 어떤 일도 마다하지 않았어요. 얀 피터르스존 쿤 총독은 반다 제도에서 살던 섬 주민 대부분을 몰살했어요. 그리고 중국과 아라비아 출신의 사람들을 데려와 노동을 시켰어요.

네덜란드는 결국 후추를 비롯한 향신료를 얻기 위해 제2의 식민 제국을 탄생시켰지요.

당시 반다 섬에는 과일나무가 한 그루도 없었다고 해요. 순전히 육두구 나무만 재배하도록 만들어졌던 거예요.

이웃에 있는 암보이나 섬에는 정향나무와 맛있는 망고스틴, 바나나, 사고야자 같은 과일도 많이 재배되었지요.

주변 바다에는 반짝이는 조개와 희귀한 물고기, 다른 곳에서는 찾아볼 수 없는 독특한 바다 생물로 가득했고요. 육두구 나무만 있는 반다 섬과는 다른 모습이었지요.

금에 맞먹는 값어치

1512년에 포르투갈 사람들은 육두구 열매를 처음 보았지요. 이 열매는 무척 자극적인 맛을 가지고 있어요. 많은 양을 먹으면 마약과 같은 효과를 내고, 독성도 있는 것으로 알려져 있어요.

인도에서는 육두구를 '마다 샤운다'라고 부르는데, "마취 열매"라는 뜻이에요. 누구나 이 신기한 육두구를 탐냈지요. 16세기에는 육두구 열매 가루 1그램이 금 1그램과 맞먹는 가치를 가졌을 정도예요. 17세기 유럽에서 육두구 씨앗은 사람들이 가장 가지고 싶어 하는 사치품

신비한 매력을 가진 **육두구**를
독점하기 위해 **네덜란드**는
반다 제도에서 살던 섬 주민을 몰살했고,
17세기 유럽에서는 사람들이
가장 탐내는 **사치품 1호**가 되었어요.

1호였다고 해요.

세계 최초의 육두구 주식회사

네덜란드 사람들은 동인도 회사(17세기, 유럽 각국이 인도나 동남아시아와 무역을 하기 위해 동인도에 세운 민간 무역 독점 회사)를 설립했어요. 이들의 목적은 분명했어요. 향신료 무역으로 최대의 이익을 내겠다는 것이었지요.

동인도 회사는 투자한 자본이 큰 수익이 나기를 기대하는 투자자들과 상인들로 이루어져 있었어요. 그래서 이들은 현지에서 생산한 제품을 싼값에 구입하고, 유럽에는 비싸게 팔았지요. 수확한 육두구를 비싸게 파는 게 목적이었어요.

얼마 지나지 않아 반다 제도에는 네덜란드 군사들이 머물렀고, 요새도 지었어요. 군사들은 온 섬을 누비고 다녔고, 이들의 배가 섬 주변을 돌며 지켰어요.

반다 제도에서 수확한 육두구는 유럽행 선박에 싣기 전에 거대한 창고에 소중히 보관했어요. 육두구의 생산량을 조절하기 위해서였지요. 육두구가 많으면 가격이 떨어질 걸 대비해 일부러 육두구를 불태웠어요. 또 일 년에 한 번씩 향신료 나무에 불을 질러 유럽 시장에서 육두구 가격이 계속 오르게 만들기도 했어요. 육두구 씨앗이나 꺾꽂

  이 가지를 훔치는 사람을 사형시키기도 했지요. 육두구를 자신들이 독점하기 위해서였어요.
    네덜란드 동인도 회사는 이익을 위해 움직이는 최초의 민간 기업의 모습을 보여 줍니다. 당시 5만 명 이상을 고용한 네덜란드 동인도 회사는 자본의 힘으로 움직이는 오늘날의 대기업을 떠올리게 해요. 세계를 연결하고 먼 나라로 가는 항로를 이용해서 개인의 이익을 위한 경제 활동을 했기 때문이지요.

우리나라에서 만나보는 육두구

신비롭지만
조심해야 하는 맛

 육두구는 향신료 중 하나예요. 맛을 좋게 하려고 음식을 만들 때 쓰지요. 그러나 무척 비싼 향신료랍니다.
 조선시대에 육두구는 음식을 만들 때 쓰지 않았어요. 주로 한약재로 썼지요. 설사나 구토를 멎게 돕거든요. 그렇지만 구하기가 어려워 거의 사용하지 않았어요. 육두구는 아주 적은 양만 먹어야 해요. 자칫하면 마비 증세가 나타나고 어지럼증을 일으킬 수 있거든요.
 1960년 중반에 우리나라의 식품 회사에서 육두구를 수입했어요. 그리고 1966년에 문을 연 베트남 음식점에서 육두구가 들어간 음식을 내놓기도 했지만, 반응은 좋지 않았다고 해요. 우리에게 육두구는 아직 낯선 맛이지요.

여덟 번째 항해

커피

커피는 힘과 정열을 뜻하는 그리스어 카웨(kaweh)에서 유래된 말이에요. 아라비아로 건너와 와인을 뜻하는 아랍어 카와(qahwa)라고 불렸고, 1650년경 커피 애호가였던 헨리 블런트가 커피(coffee)라고 부르면서 지금의 이름이 되었어요.

꽃, 콩, 열매

향기를 마시다

이스파한 (이란), 1666년

프랑스의 여행가이자 상인. 페르시아와 인도를 여행한 샤르댕은 진정한 동양 전문가였어요. 또한 페르시아어와 터키어를 비롯한 여러 언어로 말하고 읽을 줄도 알았지요.

장 샤르댕
(1643~1713)

🚢 대화를 이끄는 맛

프랑스의 루이 14세는 '동양의 프랑스'를 세우겠다는 야심을 가졌어요. 네덜란드나 영국에 비하면 60년이나 늦었지만, 프랑스는 동인도 무역 경쟁에 뛰어들었지요.

다이아몬드 무역을 하기 위해 페르시아와 인도를 여러 차례 여행했던 여행가이자 상인 샤르댕은 1673년, 이스파한(지금의 이란에 있는 도시)에 도착했어요.

　이스파한은 그 당시 동양에서 큰 도시 중 하나였고, 세계 곳곳에서 온 상인들이 한자리에 모이던 곳이었지요. 장 샤르댕은 이스파한에서 처음 본 커피 가게의 풍경을 여행기에 이렇게 썼어요.

"이스파한의 사람들은 깔끔한 커피 가게에서 친절한 사람들이 나르는 커피를 마시며 대화의 꽃을 피운다. 바로 이곳에서 사람들은 새 소식을 접하고, 정치인들은 아무 걱정 없이 자유롭게 정부를 비판한다. 정부가 사람들이 말하는 것을 가지고 벌하지 않기 때문이다."

　커피나무는 에티오피아에서 야생 상태로 자라는 식물이에요. 이 지역에서는 몸과 마음에 활발한 기운을 주기 위해 '카와'라는 음료를 마셨어요. 카와는 시간이 흐르면서 전 세계로 퍼져 나갔어요.
　가장 먼저 커피가 전파되기 시작한 곳은 아프리카 대륙과 아라비아반도 사이에 있는 좁고 긴 홍해 연안이었어요.
　그 후 15세기에 메카(홍해 연안의 도시이며, 이슬람교의 창시자인 마호메트가 태어난 곳으로 이슬람교 최고의 성지)를 찾은 이슬람 순례자들이 아라비아 지역으로 커피를 전파했어요. 이슬람교에서는 술 마

사람들이 모여
대화를 나누는 **커피 가게**부터
커피 농장에 이르기까지,
커피 한 잔에는
수많은 이야기가 담겨 있어요.

시는 일을 금지하고 있어서, 모두 모여 마시는 커피는 금세 큰 인기를 끌었어요.

1615년에 베네치아 상인들이 이스탄불에서 커피콩 한 자루를 수입했어요. 그리고 이것을 시작으로 얼마 지나지 않아 커피는 프랑스의 마르세유 항에 대량으로 도착하게 되었어요.

커피가 유럽으로 처음 들어왔을 때 유럽 사람들은 같은 신을 모시지 않는 이교도의 음료라고 해서 꺼려했대요.

교회를 중심으로 살았던 중세 유럽은 커피를 금지시켜야 한다고 했어요. 그런데 한 번이라도 맛을 본 사람들은 커피에 빠져들었고, 결국 교황이 직접 커피를 맛보게 되었어요. 교황은 커피 맛에 놀라며 커피를 축복했어요. 곧 커피는 유럽을 정복하게 되었답니다.

커피 가게, 예술가와 지식인의 사랑방

처음으로 커피 가게가 등장한 곳은 바로 메카예요. 그 후 커피 가게는 아랍 세계에 빠르게 퍼졌어요. 1554년, 이스탄불에는 커피 가게가 무려 200여 개나 있었다고 해요.

하지만 얼마 지나지 않아 메카에서 커피 가게는 정치 모임 장소가 되었어요. 그래서 이슬람 지도자들은 커피 가게를 수차례 폐쇄하기도 했고, 이슬람 신자들에게 커피를 금지시키기도 했어요.

커피 가게는 처음에 예술가, 지식인, 학자, 시인, 음악가, 이슬람 신비주의자가 모여서 토론하는 장소였어요. 커피 가게들은 사파비 왕조(16세기~18세기 이란을 통치한 왕조)의 궁전과 이슬람 사원, 상업 지구와 가까운 곳에 있거나, 마드라사로 불리는 학교 근처에 있었어요. 대부분의 커피 가게에는 아치 모양의 건물 중앙에 연못이 있고 손님들이 앉을 수 있도록 땅바닥에 마루를 높여 만든 곳에 양탄자를 깔아 놓았지요.

그런데 점차 커피 가게를 찾는 사람들이 아편과 담배에 빠지기 시작하면서 사파비 왕조 말년에는 커피 가게가 타락의 장소로 여겨지게 되었어요. 그러면서 사회의 존경을 받는 사람들이 발길을 끊었어요. 그렇게 커피 열풍은 유럽으로 건너가게 됩니다.

쌉싸름한 맛, 커피

1669년, 프랑스의 국왕 루이 14세는 커피의 매력에 푹 빠졌어요. 몇 년 후, 기사 가브리엘 드 클리유가 카리브해에 있는 프랑스 식민지 마르티니크에 커피나무 한 그루를 심었어요. 그리고 18개월 뒤 상당히 많은 커피를 수확했지요. 얼마 지나지 않아 서인도 제도에는 수천 그루의 커피나무가 자라게 되었답니다.

그 후, 흑인 노예 무역 시장이 커지면서 프랑스는 열대 기후 속에서

일할 수 있는 노예를 이용해서 기업적 커피 농장을 만들었어요. 무역품으로 가치가 높은 커피를 빠르게 성장시키고 수확하기 위해서였지요. 노예를 이용해서 노동을 시키는 일은 서인도 제도 전체로 확장되었어요. 흑인 노예 무역은 북유럽 항구, 아프리카 대륙 연안, 카리브해와 브라질을 잇는 삼각형 모양으로 이루어졌어요.

아프리카에서는 유럽산 상품과 노예가 거래되었고, 서인도 제도에서는 이런 노예의 노동력과 커피가 서로 교환되었어요. 프랑스령 서인도 제도, 특히 산토도밍고는 18세기 중엽에 세계 주요 커피 생산지가 되었어요.

1790년, 산토도밍고에서는 50만 명의 노예를 동원하여 일 년 동안 4만 톤의 커피를 생산했어요. 그러다가 1791년 투생 루베르튀르(아이티의 흑인 노예 해방가이자 정치 지도자)의 반란이 일어나면서 커피 생산에 큰 타격을 입었어요. 봉기를 일으킨 노예들이 값싼 노동력을 이용해서 커피를 대량으로 생산하는 방식을 거의 파괴했기 때문이에요. 유럽인들은 커피에 대한 대가를 톡톡히 치른 셈이지요.

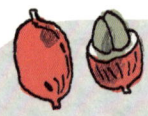

에스프레소 한 잔… 부탁해요!

이탈리아의 에스프레소 기계가 훌륭한 까닭은 바로 이탈리아에서 이 기계를 발명했기 때문이에요. 에스프레소 기계는 섬세하게 볶아 가루로 만든 커피에 뜨거운 물을 높은 압력으로 재빨리 통과시켜서 추출해 내요. 때문에 향이 강한 커피를 만들 수 있어요. 유럽 사람들은 이 진한 커피를 즐겨 마셔요. 에스프레소에 물을 넣어 연하게 마시는 커피는 미국에서 시작되었다고 해요. 그래서 '아메리카노'라고 부른답니다.

우리나라에서 만나보는 커피

우리나라의 마지막 황제가 반한 맛

　명성황후가 일본에 의해 죽임을 당한 후 고종 황제는 무자비한 일본군에게 위협을 느꼈어요. 그래서 1896년 2월부터 1년간 왕세자와 함께 왕궁을 떠나 러시아 공관에서 머물러요. 이 일을 '아관파천'이라고 부르지요.

　이때 고종 황제는 러시아 공관에 머물면서, 초대 러시아 공사였던 베베르의 처형인 손탁에게 커피를 대접받게 됩니다. 이후 고종 황제는 커피 애호가가 되었다고 전해져요.

　1902년에는 서양식 손탁 호텔의 1층 식당에서 커피를 팔았는데, 이것이 바로 우리나라 최초의 커피 가게인 셈이에요.

　1950년 육이오 전쟁 당시, 미군들이 우리나라에 인스턴트 커피를 처음 들여왔어요. 커피는 미군 부대를 통해 일반 사람들에게 널리 알려졌고, 이때부터 커피의 대중화가 시작되었답니다.

· 아홉 번째 항해 ·

빵나무

빵나무는 열대지방에서 자라는 과실나무예요. 태평양의 여러 섬에서 볼 수 있어요. 빵나무 열매는 식량으로 쓰고, 나무껍질로는 천을 만들어요. 그리고 나무는 목재로 쓰이지요. 버릴 게 하나도 없는 나무랍니다.

잎

껍질
열매꼭지
씨
과육

타히티섬에 도착한 영국인

　18세기, 북아메리카의 영국 식민지에서는 식량 가격이 급격히 상승하면서 노예들에게 충분한 식량을 제공하는 것이 어려워졌어요. 마침 쿡 선장과 함께 폴리네시아(오세아니아 동쪽 해역에 있는 수천 개의 섬들)를 항해하던 영국의 박물학자 윌리엄 블라이는 빵나무 열매가 영양이 풍부하다는 사실을 발견하게 되었지요. 이 과일은 전분이 많아 가열하면 빵 반죽처럼 되는 특징이 있었어요.

조지 3세는 이 빵나무에 큰 관심을 가지고, 타히티섬에서 빵나무 묘목을 구해 영국령 서인도 제도에서 대량으로 재배할 계획을 세웠어요. 목적은 이 묘목들을 식량으로 노예들에게 제공하는 것이었지요.

윌리엄 블라이는 이 중요한 임무를 수행하기 위해 귀족 출신의 플레처 크리스천과 함께 영국 해군에 소속된 범선 바운티호를 타고 타히티로 향했어요. 이들은 빵나무 묘목을 얻는 것뿐만 아니라, 빵나무가 어떻게 식량으로 변환되는지, 그 과정을 이해하고 배우는 것이었어요. 빵나무는 가열하면 전분이 활성화되어 부드럽고 포근한 식감의 '빵'으로 변하는 특징 때문에 많은 사람들에게 필수적인 식량 자원으로 자리 잡았어요. 영국인들은 풍부한 영양가를 지닌 빵나무가 식량난 해결에 큰 도움이 될 것으로 기대했어요.

태평양의 감자

태평양 섬나라 사람들, 특히 폴리네시아인들은 오랫동안 주로 세 가지 음식에 의존해 왔어요. 그것들은 바로 물고기, 코코넛, 그리고 빵나무 열매였지요. 특히 '우루'라고 불리던 빵나무 열매는 이들에게 있어서는 자연이 준 소중한 선물이었어요. 공 모양의 이 열매는 럭비

바다 한가운데 버려졌던 **블라이 선장**은
1791년, 타히티섬에서
2,000그루의 빵나무를
싣고 카리브해에 있는 영국 식민지,
세인트-빈센트와 자메이카로
가져가는 데 성공했어요.

윌리엄 블라이

플레처 크리스티안

공만큼 커서 한 개만으로도 여러 사람이 나눠 먹을 수 있을 만큼 영양가가 풍부했지요.

폴리네시아인들은 빵나무를 아주 다양한 방법으로 요리해 먹었어요. 이들은 빵나무를 구워 먹기도 하고, 껍질을 벗겨 물에 삶아 먹기도 했어요. 또한 빵나무를 잘게 잘라 절구에 갈아 반죽하여 전통적인 음식으로 만들기도 했지요. 이러한 다양한 조리 방법은 빵나무의 맛과 영양을 최대한 활용하려는 그들의 지혜를 엿볼 수 있었어요.

빵나무 한 그루에는 매년 최대 200개의 열매가 열린다고 해요. 빵나무 열매는 높은 전분과 설탕 함량으로 인해 열량이 높은 음식으로 알려져 있어요. 이러한 특징 때문에 폴리네시아인들에게 중요한 에너지원이 되었지요.

바운티호의 반란

블라이 선장의 가혹한 지휘를 받으며 10개월간 힘든 항해를 한 끝에 바운티호 원정대는 타히티섬에 도착했어요. 그런데 빵나무를 가득 싣고 본국으로 돌아가는 길에 오르자마자, 플레처 크리스티안과 일부 선원이 선장의 학대에 반란을 일으키고 배를 차지했어요. 그런 다음 선장과 그를 따르는 무리를 작은 보트에 태워 몇 가지 항해용 기구와 며칠 분의 식량과 물만 주고 태평양 한가운데 버리고 떠났어요.

물론 배에 실었던 빵나무는 모두 바다에 던져 버렸지요.

반란을 일으켜 배를 장악한 크리스티안과 선원들은 타히티섬으로 다시 돌아가 살기로 했어요. 그 후, 영국군이 이들을 잡으러 오자, 크리스티안은 그를 따르는 27명의 유럽 사람들과 타히티섬 여성들을 데리고 몸을 피할 만한 은신처를 찾아 태평양 남쪽으로 떠났어요.

마침내 이들은 타히티섬 동남쪽에 위치한 작은 화산섬 핏케언에 정착했어요. 당시 이 섬의 위치는 지도에 제대로 표시되어 있지 않아서 찾기 어려웠어요. 그래서 영국 선박이 3개월 동안 이 섬을 찾아다녔지만 결국 발견하지 못했다고 해요.

한편, 바다 한가운데 버려졌던 블라이 선장은 어렵게 영국으로 돌아오는 데 성공했어요. 그리고 고집스럽게 두 번째 원정길에 나섰답니다. 이렇게 떠난 두 번째 원정대는 마침내 1791년에 타히티섬에서 2,000그루의 빵나무를 싣고 카리브해에 있는 영국 식민지, 세인트-빈센트와 자메이카로 가져가는 데 성공했어요.

하지만 이 모든 노력은 헛수고가 되었어요. 노예들이 빵나무 열매의 맛을 싫어하고 열대 과일 바나나를 더 좋아했기 때문이지요.

우리나라에서 만나보는 빵나무

듣지도 보지도 못한 맛

　빵나무는 우리나라에서 흔히 자라는 뽕나뭇과에 속하는 나무예요. 말레이시아가 원산지고 동남아시아 대부분 지역과 태평양 여러 섬에 퍼져 자라지요. 하지만 빵나무는 우리나라 기후에는 맞지 않아 찾아볼 수 없어요.
　영국 사람들이 노예들에게 먹이려던 빵나무 열매는 영양이 풍부해서 지금도 태평양 섬에 사는 원주민들이 먹어요. 빵나무 열매를 곱게 가루로 내서 빵이나 과자를 만들기도 하고, 열매를 땅속에서 발효시켜 먹기도 한대요.
　1990년대 초반에 빵나무 열매로 만든 음식은 살이 찌지 않는다는 연구를 하와이 의사가 발표한 적도 있답니다.

열 번째 항해

차

차나무는 잎을 따기 쉽도록
사람 키 높이로 다듬어요.
하지만 다듬지 않고 그냥
내버려둔다면 차나무는
10~15미터까지 자란다고 해요.

잎
꽃

영국의 식물학자이자 여행가. 로버트 포춘은 영국의 동인도 회사가 차의 비밀을 알아내기 위해 중국으로 파견한 스파이였어요.

로버트 포춘
(1812~1880)

차와 아편

　차는 수천 년 전부터 중국 사람들이 즐겨 마시던 음료예요. 차는 16세기 포르투갈 상인에 의해 유럽에 처음 소개되었어요. 그 이후 차는 유럽 사람들이 즐겨 마시는 음료가 되었지요.
　유럽의 많은 사람들이 차를 찾았어요. 그런데 차 값이 비싸서 중국

과 유럽은 다투게 되었어요.

17세기부터 차의 인기가 유럽에서 점점 높아지자, 영국 사람들은 중국에서 싼 값에 차를 지속적으로 구할 수 있는 방법을 찾게 되었어요.

영국 사람들은 차를 얻기 위해 아편이라는 마약을 이용하기로 했지요. 그전까지만 해도 중국 사람들은 차 값으로 은을 받았는데, 중국 땅에 아편이 퍼진 뒤부터 시장에서는 은을 대신해 아편을 받기 시작했어요.

아편을 하게 된 중국 사람들은 점차 중독이 되어 아편을 구하기 위해 많은 돈을 쓰기 시작했어요.

영국은 이 시기에 아편을 마음대로 통제할 수 있었어요. 아편의 원료가 되는 양귀비가 영국의 식민지인 인도 지방에서 재배되었기 때문이지요.

아편 중독자가 늘어나자 중국은 영국에 항의했어요. 영국은 이때 '아편전쟁'(1840~1842)을 벌였어요. 무력으로 중국을 위협했지요. 이 아편전쟁으로 중국은 영국과 '난징조약'을 체결하게 되었어요. 중국은 강제로 대외 무역을 개방하게 되었고, 지금은 다시 중국 땅이 되었지만 이때 홍콩을 영국에 넘겨줘야 했어요. 난징조약은 중국이 외국과 맺은 최초의 근대적인 불평등조약이었어요. 이로 인해 중국 광저우에만 제한시켰던 외국 상인들의 활동이 넓어졌어요. 차를 수입하기 위한 영국의 계략은 중국에 큰 상처를 입혔지요.

영국이 아편을 통해 중국에서 돈을 벌지 못했다면, 아마 영국은 어마어마한 차 값을 내지 못했을 거예요.

운송 수단의 발달

차를 생산하는 데에는 사람들의 엄청난 노동이 필요해요. 수천 명이나 되는 사람들이 일하는 농장도 있어요. 차 수확은 지금도 주로 여성들이 일일이 손으로 작업하며 일 년에 여러 차례 수확하지요. 여성 노동자들은 조심스럽게 찻잎을 따서 등에 지고 있는 바구니에 담아요.

19세기 중엽에는 차처럼 상하기 쉬운 식량을 최대한 빨리 수송하기 위해 상대적으로 배의 크기가 작고 돛의 크기가 큰 쾌속 범선을 많이 만들었어요.

쾌속 범선은 20년 넘게 매년 겨울, 중국의 주요 항구로 가서 새로 생산한 차를 싣고 런던으로 달려왔어요. 이 범선들은 매년 가장 먼저 차를 팔기 위해 경주를 하듯 앞다투어 왔지요. 가장 먼저 도착한 배에 실린 차가 비싼 값을 받았거든요. 차를 실어 나른 쾌속 범선의 황금기는 약 30년간 지속되다가, 1860년대 말에 증기선이 등장하면서 자리를 내주었어요.

로버트 포춘은
아무나 들어갈 수 없었던
중국 땅에 포르투갈 사람들 이후
처음으로 들어갔어요.
이 당시 **중국**은 **외국인**들이
무역항 주변 **45킬로미터 지역**
바깥으로 나가는 것을
엄격하게 **금지**하고 있었어요.

차 사냥꾼 로버트 포춘

1840년대에 영국 동인도 회사는 스코틀랜드 출신의 식물학자이자 여행가에게 한 가지 임무를 맡겼어요. 차 만드는 비밀을 알아내고, 영국의 식민지였던 인도에서 재배할 중국의 차 묘목을 훔치라는 것이었어요. 이 사람이 바로 로버트 포춘이에요. 로버트 포춘은 아무나 들어갈 수 없었던 중국 땅에 포르투갈 사람들 이후 처음으로 들어갔어요. 이 당시 중국은 외국인들이 무역항 주변 45킬로미터 지역 바깥으로 나가는 것을 엄격하게 금지하고 있었어요. 그래서 로버트 포춘은 오늘날의 산업 스파이처럼 몰래 중국에서 활동했어요. 물론 스파이는 중국에서 엄하게 처벌받았지요.

로버트 포춘은 중국을 두 번 방문하는 동안, 중국인으로 변장하여 사람들의 눈을 속이는 데 성공했어요. 머리카락을 짧게 깎고 길게 땋은 머리를 붙여서 원래 모습을 숨겼고 중국어로 말하고 다녔지요. 로버트 포춘은 호기심 어린 눈으로 보는 사람들이 있으면, 현지 가이드를 통해서 자신은 만리장성 바깥에 있는 먼 나라에서 온 제후라고 둘러댔어요. 그리고 드디어 로버트 포춘은 유명한 녹차 산지인 황산에 가게 되었어요.

로버트 포춘은 목숨을 걸고 2만 그루가 넘는 차 묘목과 차 씨를 몰래 빼돌렸어요. 그렇게 인도 다르질링 지역으로 차를 가져와 재배하게 되었지요.

  로버트 포춘 덕분에 품질이 우수한 홍차, 다르질링이 탄생하게 되었어요. 또한 수천 년 동안 중국 사람들이 지켜 왔던 비밀도 알아내게 되었지요. 바로 녹차와 홍차가 같은 차나무에서 만들어진다는 사실 말이에요.

우리나라에서 만나보는 차

빠져나올 수 없는 맛

　우리나라에 차가 처음 들어온 것은 신라 흥덕왕 때예요. 당나라로부터 차 씨를 가져와서 왕의 명령으로 지리산에 심었고 그 후 널리 퍼졌다고 해요.
　신라 때에는 차를 부처님께 바칠 정도로 귀했어요. 고려 때도 차는 승려와 상류 계급에서 많이 마셨지요. 외국 사신이 오면 진귀한 음식과 함께 차를 대접했고요.
　고려시대 사람들은 차를 마시면서 찻그릇을 중요하게 생각하게 되었어요. 그래서 고려자기가 발달할 수 있었지요.
　현재 우리나라는 보성과 제주도 등 일대에서 차를 대량으로 재배하고 있어요.

열한 번째 항해

바나나

바나나는 사실 나무에서 열리지 않아요. 10미터 높이까지 자라는 거대한 풀의 열매지요. 바나나는 덥고 습도가 높은 곳을 좋아해요. 거대한 바나나 풀에서는 60~200개의 바나나가 달린 바나나 송이가 달린답니다.

잎
꽃대
바나나 송이
꽃대
수꽃
줄기

신의 선물

서인도 제도, 1870년

⑪ 기니

프랑스 엔지니어이자 발명가. 샤를 텔리에는 혁신적인 냉장 기술을 발명하여, 여러 농작물과 바나나를 장거리 운송할 수 있게 만든 주인공이에요.

샤를 텔리에
(1828~1913)

🚢 이국적이고 신기한 과일

 증기선이 개발되면서 항해 속도가 빨라졌고, 덕분에 운송 기간이 줄어들어 과일을 신선한 상태로 목적지까지 운반할 수 있게 되었어요. 19세기 말까지만 해도 바나나는 세계 어느 나라에서도 맛보기 힘든 매우 희귀한 과일이었어요. 바나나는 쉽게 상하고 잘 물러졌기 때

역사로 통하는 맛의 항해 **99**

문이에요.

 동남아시아가 원산지인 바나나는 12세기에 아라비아 상인들에 의해 유럽에 전해졌고, 다시 유럽 사람들에 의해 1502년 서인도 제도로 전파되어 재배되었어요. 1870년경 철도와 냉장 해운이 크게 발달하면서 냉각 기술을 바탕으로 한 바나나 전용선이 개발되었고, 서인도 제도에서 수확한 바나나가 신선한 상태로 아메리카와 유럽을 오갈 수 있게 되었지요.

 그리고 20세기 초에 바나나는 서아프리카의 프랑스 식민지에서 대규모로 재배되었어요. 특히 기니는 바나나 주요 생산지였어요. 파리 자연사 박물관에서 재배하던 바나나를 기니로 옮겨 심는 데 성공한 덕분이었어요. 얼마 지나지 않아 바나나를 가득 실은 바나나 전용선이 기니와 프랑스를 오가게 되었답니다.

19세기 말까지만 해도
희귀했던 **바나나**는
증기선이 개발되면서
세계 어느 나라에서나 손쉽게
맛볼 수 있게 되었어요.

바나나의 전설

바나나는 어떻게 생겨났을까요?

중앙아메리카에는 바나나에 관해 전해 내려오는 전설이 하나 있어요. 몇몇 사람들이 물가에서 이야기를 나누고 있었는데, 신이 다가와 말을 걸었다고 해요. 신은 사람들에게 무엇이 필요하냐고 물었어요. 그러자 이들은 잠시 동안 생각하더니 동시에 과일을 하나 달라고 했대요. 모든 장점을 다 가지고 있는 완벽한 과일 말이지요.

씹기 편해야 하고, 껍질 벗기기도 까다롭지 않고, 영양가가 많고, 소화도 잘 되고, 질기지도 않고, 잘 썩지도 않고, 너무 단단하지도 너무 물렁하지도 않고, 일 년 내내 수확할 수 있는 과일을요.

신은 사람들의 이야기를 들어주었대요. 그렇게 해서 태어난 것이 바로 바나나라고 해요.

우리나라에서 만나보는 바나나

달콤하고 부드러운 맛

　일제강점기 시절, 우리나라는 일본에서 바나나를 들여왔어요. 하지만 아무나 먹을 수 없었지요. 1980년대 후반만 해도 바나나는 귀한 과일이었어요. 지금은 세계 곳곳의 바나나 산지에서 바나나를 수입하고 있어서, 어디서나 볼 수 있는 흔한 과일이 되었지요. 가격도 많이 낮아져서 누구나 바나나를 손쉽게 살 수 있게 되었어요.
　바나나는 탄수화물과 비타민 A와 C가 풍부해 건강을 위해 다이어트를 하는 사람이 즐겨 먹는 과일 중 하나예요. 먹는 방법도 무척 다양하지요. 기름에 튀기거나 삶고, 또는 굽거나 쪄서 먹을 수 있지요. 바나나를 이용한 가공식품들도 많이 있답니다.
　바나나는 1980년대부터 제주도 등지에서 재배하고 있어요. 제주도의 비교적 따뜻한 날씨 덕분이지요.

우리의 식탁을 책임지는 채소의 원산지

마늘

마늘은 중앙아시아와 이집트가 원산지라고 해요. 기원전 2500년경에 만들어진 이집트 피라미드 벽에는 마늘을 일꾼들에게 나눠 준 기록이 있었어요.

우리나라에는 마늘이 언제 들어왔는지 정확한 기록은 없지만, 단군신화에 보면 곰과 호랑이가 마늘을 먹는 내용이 나오지요. 하지만 마늘은 7~8세기 이후에 중국과 한반도에 전파되었다고 전해져요. 그러니까 단군신화 속의 마늘은 사실 달래라고 해요.

마늘은 서늘한 날씨를 좋아해서 식물들을 수확하는 시기인 가을에 심어요. 겨울에 잠에서 깨어나, 봄에 뿌리가 여물지요. 마늘은 뿌리를 먹는 식물 중에서 가장 매워요.

생강

생강의 원산지는 인도나 말레이시아 등 고온 다습한 동남아시아 지역이에요. 우리나라는 고려시대 이전부터 재배했다고 해요. 『고려사』를 보면 고려 현종(1018년) 때 생강을 재배했다는 기록이 있어요. 지금은 전라북도와 충청남도 등지에서 재배해요. 전라북도 완주군 봉동읍에서 가장 많은 양을 재배하지요.

우리나라에서는 생강꽃이 피지 않지만 열대지방에서는 꽃이 핀다고 해요. 생강은 뿌리줄기가 옆으로 자라면서 덩어리져요. 맛은 맵고, 냄새는 향긋해요. 우리나라에서는 오래 전부터 조미료의 역할을 해 왔어요. 뿐만 아니라 약재로도 쓰이지요.

수박

수박의 원산지는 아프리카로, 고대 이집트 그림에 등장한 것으로 보아 4000년 전부터 재배되었다고 알려져 있어요. 세계 각지에 퍼진 것은 약 500년 전이래요.

우리나라에는 고려시대 말, 몽골의 장수였던 고려 사람 홍다구가 개성에서 처음 재배하면서 들어왔다고 전해져요. 그 후 조선왕조실록 『연산군일기』에 수박 재배에 대한 기록이 있어요.

우리나라 토종 수박으로는 무등산수박이 있어요. 일반 수박과 다르게 줄무늬가 없고 맛이 무척 좋아서 왕에게 바쳤다고 해요. 무등산수박은 지금도 많이 재배하고 있지요. 우리는 보통 수박을 과일로 알고 있지만, 채소에 속하는 밭작물이에요.

파

원산지는 중국 서부라고 짐작되지만, 아직 파의 원래 종이 발견되지 않았어요. 북쪽으로는 시베리아, 남쪽으로는 열대지방까지 분포되어 있고, 중국에서는 3000년 전부터 재배했다고 해요. 우리나라에는 고려시대 전에 들어와 재배한 것으로 보여요.

파는 매우면서도 단 향이 있어 음식 만들 때 많이 쓰여요. 특히 우리나라 음식 중에는 파가 안 들어가는 음식이 없을 정도지요. 동양에서는 파를 중요한 채소로 생각하고 먹지만, 서양에서는 거의 재배하지 않아요.

역사로 통하는 맛의 항해

토마토

토마토의 원산지는 남미 페루예요. 16세기 초 콜럼버스가 아메리카 대륙을 발견한 때쯤 유럽으로 전파되어 이탈리아로 갔어요. 유럽에서 토마토를 흔히 먹게 된 것은 17세기 이후예요. 특히 이탈리아 사람들에게 많은 영향을 끼치지요.

1614년에 편찬된 조선시대 유학자 이수광의 『지봉유설』에 '남만시(南蠻柿)'라는 한자 이름으로 토마토에 대한 기록이 있어요. 그래서 그 전에 토마토가 우리나라에 들어왔을 것으로 추측하고 있지요. 우리나라는 처음에 토마토를 관상용으로만 심었다가 뛰어난 영양과 효능이 알려지면서 밭작물이 되었어요. 지금은 비닐하우스 재배로 일 년 내내 먹을 수 있는 채소예요.

한때 과일과 채소의 특징을 모두 가진 토마토를 놓고 과일이냐 채소냐 의견이 분분했지요. 이런 시비를 가리기 위해 미국 대법원에서 토마토를 채소로 판결했어요. 그 후 우리는 토마토를 채소라고 부르게 되었지요.

참외

참외는 인도 야생에서 자라던 것을 개량한 거래요. 참외의 재배 역사는 아주 길어요. 중국에서는 기원전부터 참외를 키웠대요. 5세기경에 지금의 참외 모습이 되었다고 해요.

참외는 우리나라와 중국, 일본에 널리 퍼져 오랫동안 재배되었어요. 그러는 동안 각각의 환경에 따라 참외의 맛이 달라지고 품종이 개량되었지요. 최근 우리나라의 참외가 국제식품규격위원회에서 멜론류로 분류되었고, '코리안 멜론(Korean Melon)'이라는 공식 명칭을 가지게 되었어요.

오이

오이의 원산지는 아프리카라는 설도 있지만 인도의 서북부나 히말라야라는 설이 가장 유력해요. 기원전 2세기에 페르시아로부터 중국으로 전파되었고, 유럽으로 전래되었어요. 인도에서는 3000년 전부터 전해졌지요.

아메리카에는 1494년 콜럼버스 탐험대가 쿠바에 전파했고, 18세기 북미 전역에 일반적인 채소가 되었어요.

우리나라 『고려사』에 의하면 통일신라시대에 오이와 참외의 재배에 관한 기록이 있어요. 오이는 우리나라에 1500년 전 중국을 통해서 들어온 것으로 전해진답니다.

딸기

18세기 무렵 유럽에서는 북아메리카 동부 지역의 야생 딸기 종과 남아메리카 칠레의 야생 딸기 종을 교잡하여 재배하기 시작했어요. 약 200년간 딸기는 계속 개량되었지요. 그리고 75년 동안 미국과 일본 등에서 개량이 많이 이뤄졌어요. 최근에는 야생 딸기와 기존 딸기를 교잡하는 연구도 활발하게 하고 있어요.

19세기 초, 우리나라의 재배종 딸기가 일본으로 전해졌어요. 그리고 20세기 초, 우리나라로 일본 딸기종이 들어왔지요. 1960년대에 수원 근교에서 처음 그 딸기를 재배했어요.

딸기는 보통 비닐하우스에서 재배해요. 딸기는 25℃ 이하의 선선한 기후를 좋아해요. 일반 밭에서 딸기가 익으려면 5월 이후에나 가능하지요. 딸기는 가을에 심어 이듬해 봄에 수확하는 달콤한 열매채소랍니다.

역사로 통하는 맛의 항해 107

옮긴이 김수진

이화여자대학교와 한국외국어대학교 통번역대학원을 졸업한 후 공공기관에서 통번역 활동을 했습니다. 현재 번역 에이전시 엔터스코리아에서 출판 기획 및 전문 번역가로 활동하고 있습니다. 옮긴 책으로는 『우리아이 첫 과학백과-세계 최고 권위를 가진 프랑스 라루스 과학백과』, 『우리 동네 경제 한 바퀴』, 『잠의 쓸모』, 『나쁜 말 먹는 괴물』 등이 있습니다.

감수·추천 주영하

서강대학교 사학과를 졸업했습니다. 한양대학교 대학원에서 문화인류학 석사 학위를, 중국 중앙민족대학에서 민족학 박사 학위를 받았습니다. 지금은 한국학중앙연구원 한국학대학원 민속학 전공 교수로 있습니다. 쓴 책으로는 『음식 인문학』, 『식탁 위의 한국사』, 『밥상을 차리다』, 『그림으로 맛보는 조선음식사』 등이 있습니다.

역사로 통하는 맛의 항해
맛은 어디에서 왔을까?

개정판 1쇄 2024년 4월 5일 | 개정판 3쇄 2024년 9월 25일

지은이 디미트리 델마 | **그린이** 기욤 레이나르 | **옮긴이** 김수진 | **감수·추천** 주영하
펴낸곳 책속물고기 | **출판등록** 제2021-000002호
주소 서울특별시 영등포구 양평로 157, 1112호
전화 02-322-9239(영업) 02-322-9240(편집) | **팩스** 02-322-9243
전자우편 bookinfish@naver.com
카페 http://cafe.naver.com/bookinfish | **인스타그램** @bookinfish
콘텐츠 프로바이더 와이루틴
ISBN 979-11-6327-154-3 13900

*이 책의 내용을 쓰고자 할 때는 저작권자와 출판사 양측의 허락을 받아야 합니다.
*잘못된 책은 바꾸어 드립니다.
*값은 뒤표지에 있습니다.

품명 아동 도서	**제조일** 2024년 9월 25일	**사용연령** 10세 이상	**제조자** 책속물고기	**제조국** 대한민국
연락처 02-322-9239	**주소** 서울특별시 영등포구 양평로 157, 1112호

주의사항 ◎ 종이에 베이거나 긁히지 않도록 조심하세요. ◎ 책 모서리가 날카로우니 던지거나 떨어뜨리지 마세요.
KC마크는 이 제품이 공통안전기준에 적합하였음을 의미합니다.